PETIT CATÉCHISME

DU

VRAI RÉPUBLICAIN

— « La liberté est dans la vérité. »
(S. JEAN, 8, 32.)

— « Etant libres, ne vous faites pas
» de la liberté un voile pour couvrir
» votre malice. «
(1re Ep. S. PIERRE, 2, 16.)

IMITÉ DE L'ŒUVRE D'UN AMI

PUBLIÉ EN 1848

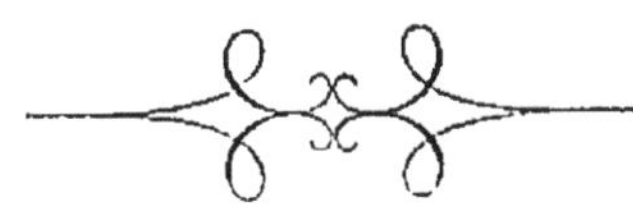

LYON
LIBRAIRIE BRIDAY
rue de l'Archevêché.

GRENOBLE
BARATIER ET DARDELET
4, Grand'rue, 4.

PETIT CATÉCHISME

DU

VRAI RÉPUBLICAIN

— « La liberté est dans la vérité. »
(S. JEAN, 8, 32.)

— « Etant libres, ne vous faites pas
» de la liberté un voile pour couvrir
» votre malice. «
(1re Ep. S. PIERRE, 2, 16.)

IMITÉ DE L'ŒUVRE D'UN AMI

PUBLIÉE EN 1848

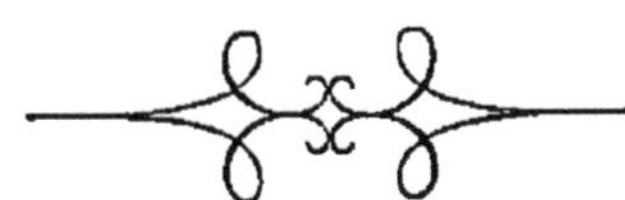

LYON
LIBRAIRIE BRIDAY
3, avenue de l'Archevêché.

GRENOBLE
BARATIER ET DARDELET
4, Grand'rue, 4.

PETIT CATÉCH

DU

VRAI RÉPUBLICAIN

CHAPITRE PRÉLIMINAIRE

Du Républicain et de la République.

D. — Etes-vous républicain ?

R. — Oui, je suis républicain, et selon la vraie signification de ce beau nom.

D. — Qu'est-ce qu'un vrai républicain ?

R. — Un vrai républicain est celui qui aime sincèrement ce qu'on appelle la chose publique, *rem publicam*, c'est-à-dire, le bien public ou l'intérêt public, et qui est disposé à faire tout ce qu'il peut pour le procurer.

D. — Un vrai républicain doit-il préférer le bien public à tout bien particulier, à commencer par le sien ?

R. — Oui, le vrai républicain, pénétré de la doctrine qui résulte du mot même, doit préférer la chose publique à la sienne, et être prêt à sacrifier ses intérêts à ceux de son pays.

D. — Il ne suffit donc pas, pour être républicain, d'avoir les places, les honneurs dans la république, — de chanter *la Marseillaise* et de crier *vive la république?...*

R. — Non, certes ; il faut, avant tout, prêcher d'exemple l'amour du bien public, et mettre sincèrement en pratique la devise, qui est comme la marque, le signe distinctif du vrai républicain.

D. — Quelle est cette devise ?

R. — La devise du vrai républicain se résume en ces trois mots : LIBERTÉ, — EGALITÉ, — FRATERNITÉ. — Là doit être et son principe et sa règle.

PREMIÈRE PARTIE

DE LA LIBERTÉ

CHAPITRE PREMIER

De la Liberté en général.

D. — Qu'est-ce que la liberté ?

R. — La liberté est la faculté d'agir, comme bon nous semble, dans la limite de nos droits, sans nuire aux droits de Dieu ni à ceux du prochain.

D. — Pourquoi parlez-vous ici de Dieu et du prochain ?

R. — Parce que Dieu étant notre créateur et père, et le prochain étant notre frère, nous devons respecter leurs droits, si nous voulons qu'on respecte les nôtres.

D. — Liberté ne veut donc pas dire licence, désordre ?...

R. — Au contraire, liberté veut dire ordre, sagesse, raison, égards réciproques, justice, paix, tranquillité. — Aussi ne laisse-t-on pas en liberté les animaux, les fous, les enfants, tous ceux qui n'ont pas la raison. Pour être libres, il faut être sages, raisonnables, savoir se respecter et respecter les autres.

D. — Mais alors la vraie liberté comporte des règles et par conséquent des limites ?

R. — Evidemment. « Quoi de plus libre, dit un journal républicain, le *XIX*^e^ *Siècle*, quoi de plus libre que le mouvement des bras et des jambes, dans l'individu, et, cependant, il ne peut pas s'en servir pour frapper, tuer et voler... »

D. — Les républicains veulent-ils la liberté pour tous ?

R. — Certainement : c'est le programme même de la république : *liberté pour tous*.

D. — La veulent-ils pour ceux qui ont eu, ou qui ont encore des opinions contraires aux leurs ?

R. — Indubitablement : ils n'ont cessé de la demander pour eux, et de la promettre aux autres avant même l'avénement de la république.

D. — Cependant, il y en a qui repoussent certaines catégories ou classes de citoyens français, comme les Religieux, par exemple.

R. — Ceux-là ne sont pas de vrais républicains. Beaucoup, sous ce beau nom, ne sont, en réalité, que des impies, des égoïstes, des perturbateurs; nous les désavouons.

D. — Pourtant, il y a des journaux libéraux, comme le *Constitutionnel*, qui vont jusqu'à dire des républicains, « que la » proscription est leur instinct, — leur » lot, — leur vocation... » Y aurait-il quelque chose de vrai ?

R. — Ce sont les faux républicains, malheureusement trop nombreux, qui attirent ces reproches à la république, qu'ils déshonorent et discréditent.

D. — On rappelle qu'Armand Carrel lui-même, ce célèbre ami de la liberté, a dit des républicains : « Ce sont des sots, » des brouillons, des convoiteux, des im- » puissants. » Que faut-il en penser?

R. — Il faut penser que tous ceux qui méritent ces qualifications sont indignes de la république.

D. — N'en sont-ils pas plus indignes encore ceux des républicains à qui le *Constitutionnel* fait ce second reproche,

« que tout ce qui est éminent, tout ce qui » est religieux, tout ce qui vaut par soi- » même, leur donne de l'horreur ? »

R. — La chose est évidente. Car la vraie république doit être le règne du mérite, des talents, de la vertu, aussi bien que des libertés publiques et privées.

D. — Pourquoi dites-vous que la république est le règne de toutes les libertés publiques et privées ?

R. — Parce qu'elle n'a cessé de les demander et de les proclamer avant son avénement, et qu'elle ne peut se maintenir qu'à la condition de tenir sa parole tant de fois donnée.

D. — Voudriez-vous m'énumérer ces libertés ?

R. — Voici les principales : liberté de la presse, qui comprend celle de la pensée et de la parole ; — liberté d'association ; — liberté de conscience et des cultes ; — liberté d'enseignement et des pères de famille...

CHAPITRE DEUXIÈME

De la Liberté de la presse et d'association.

D. — En quoi consiste la liberté de la presse ?

R. — Elle consiste à pouvoir penser, dire, écrire, imprimer, publier tout ce que l'on croit vrai, bon et utile.

D. — La liberté de la presse doit-elle être absolue et sans frein?

R. — Le bon sens dit que non. Car, comme s'exprime encore le journal républicain, le *XIX*e *Siècle*, « l'on peut commettre des actes mauvais par le moyen » de la presse, comme on en commet avec » tous les instruments du monde. Dans » aucune langue, liberté n'est synonyme » de licence et d'impunité. »

D. — Mais savez-vous que régler et limiter la presse est un des points importants de la doctrine du *Syllabus* du pape Pie IX?

R. — Soit : mais c'est aussi la doctrine de la saine raison et de la sage prévoyance (1).

D. — Alors, pourquoi, parmi les républicains surtout, crie-t-on tant contre le *Syllabus*?

R. — C'est une inconséquence ; j'avoue que tous les républicains ne sont pas logiques et immaculés.

D. — Qu'entendez-vous par la liberté d'association ?

R. — J'entends la liberté de pouvoir se

(1) Il ne faut pas toutefois mettre ici sur la même ligne le journal le *XIXe Siècle* et le *Syllabus*. Le document papal, discernant avec une haute sagesse le faux, le laid, le mal d'avec le vrai, le beau, le bien, a pour but de protéger la vérité, la morale, la Religion, tout ce qu'il y a de plus respectable et de plus sacré sur la terre, contre l'effroyable dévergondage d'une presse licencieuse et impie. — Le journal républicain, coupable au premier chef de cette licence et de cette impiété, ne veut, lui, la répression de la presse qu'en faveur et au profit de *sa république franc-maçonnique*, dont il fait une espèce d'*arche sainte à laquelle nul ne doit toucher*. — Tout est permis à la presse contre Dieu et la Religion ; rien n'est permis contre l'œuvre de la démocratie contemporaine, absolument rien, *pas même un signe d'humeur*, comme on le verra plus bas. « Soyez, tant que vous voudrez, *honnête, galant homme, bon Français*, dit le *XIXe Siècle*, cela *ne suffit pas* ; il *faut quelque chose de plus*, » faute de

réunir et s'associer, pour travailler, commercer, discuter, méditer, prier, etc.

D. — On pourra donc mettre en commun les lumières et les prières, aussi bien que les capitaux et les idées politiques?

R. — C'est une conséquence nécessaire de la liberté d'association.

D. — On a dit que les associations pouvaient être dangereuses pour l'Etat, que faut-il pour éviter ce danger?

R. — Il faut que ces associations ne soient pas mystérieuses, *secrètes*. Pourquoi se cacherait-on quand on veut le bien? Il

quoi on n'a droit à rien, on est exclu de tout. Ce quelque chose de plus consiste à adorer le régime dominant, à faire partie de la démocratie anticléricale, et à être dévoué *à son grand-maître*... « Je veux, disait Napoléon Ier, qu'on puisse » couper la langue à un avocat, qui s'en sert » contre mon gouvernement. » Toutes les tyrannies, d'en bas ou d'en haut, se ressemblent.— Machiavel a écrit : « L'état athée, qui ne *craint point d'aller en enfer*, est à lui-même *sa fin et sa loi*... Son but, c'est sa conservation, et il ne peut être atteint que par la répression. » — Ainsi la Religion, la liberté... ne sont rien. L'état athée est tout, et la violence est sa ressource. Voilà où nous en sommes!

« Pauvre France, que j'aime tant, s'écriait » M. Poujoulat, tu n'es pas en voie de grandeur » morale; ta décadence est devenue un lieu com» mun! »

faut, au contraire, qu'elles agissent au grand jour, et qu'elles ne trament rien ni contre la société, ni contre Dieu et la Religion.

D. — D'où vient la haine de beaucoup de républicains contre les associations religieuses, aimées des honnêtes gens, et dont les statuts sont à la disposition de tout le monde?

R. — Elle ne vient pas des vrais principes républicains; mais bien d'un esprit de secte, d'un esprit d'impiété, étranger et même opposé à la vraie république. — Un républicain sincère a dit : « Un parti qui, » une fois au pouvoir, refuse aux autres » les libertés qu'il a réclamées dans l'op» position, un parti qui proclame qu'il ne » doit rien à *ceux qu'il appelle ses ennemis*, » est un parti qui se suicide et périt sans » honneur. »

CHAPITRE TROISIÈME

De la liberté de conscience.

D. — Que dites-vous de la liberté de conscience?

R. — Je dis que Dieu a fait la conscience essentiellement libre, parce qu'il ne veut pas de l'homme un hommage forcé. Il est écrit que Dieu « a créé l'homme libre et » qu'il l'a laissé dans la main de son propre » conseil. »

D. — Nuit-on à la liberté de conscience, en enseignant la Religion à l'enfance et à la jeunesse?

R. — Pas plus qu'on ne nuit à la liberté de la pensée et de l'esprit, en enseignant la littérature, les sciences et les lois (1).

(1) L'idée que l'éducation et l'instruction religieuses *nuisent à la liberté de conscience*, est démentie par l'expérience d'une foule d'hommes qui vivent soit en *libres-penseurs*, soit en *libres-faiseurs* ou *brutes*, après une éducation chrétienne ou au moins raisonnable. Rien n'empêche l'homme de fermer les yeux à la lumière. Voltaire ferma les siens à celle de la vérité, au point d'*ériger le mensonge en principe*, selon la juste remarque de Sainte-Beuve. — Plusieurs de nos ministres, élevés chez les Jésuites comme Voltaire : M. Lepère, à Brugelette, en Belgique, 1839; M. Tirard, à Mélan, en Savoie, 1840, et M. Jules Ferry, élève des Maristes, ont, malgré cette éducation religieuse, si bien conservé leur liberté de conscience qu'ils la font passer d'un extrême à l'autre, selon *l'opportunisme*. C'est ainsi qu'après avoir réclamé, professé, pratiqué *la libre-pensée*, qui est la variéte, la diversité, la multiplicité même, ils veulent aujourd'hui en imposer *l'unification* absolue, pour faire, disent-ils, une

D. — N'est-ce pas, au contraire, éclairer la conscience que de lui présenter les principes religieux?

R. — Parfaitement. C'est comme la lumière offerte aux yeux. La lumière ne les violente pas; ils peuvent s'y fermer s'ils veulent.

D. — N'est-ce pas encore fournir à la conscience un moyen d'exercer sa liberté, au lieu de lui nuire?

France une. — Ce qui menace non-seulement les catholiques, mais les protestants, les juifs, les croyants quelconques. Car cette *unification* doit s'opérer dans l'incroyance et non dans une croyance. — C'est *l'incroyance universelle, obligatoire,* imposée à toute la France en général et à chaque ménage en particulier. Ainsi, la femme devra abandonner sa foi, la foi des saints, de sainte Thérèse, de saint François de Sales, de saint Vincent de Paul, la foi du génie, de Pascal, de Bossuet, de Fénelon, la foi de la France, de ses ancêtres, la foi qui, selon Victor Hugo lui-même, « rend l'homme pur, chaste, patient, laborieux, sobre, sage, » la femme, dis-je, devra abandonner sa foi pour embrasser l'incrédulité moderne et bestiale de son mari, afin d'opérer *l'unification du ménage.* — De là, les écoles *laïques, obligatoires, sans religion,* que l'on vise à établir pour les filles comme pour les garçons. — Mais si le mari, poussant *l'incroyance* ou *la libre-pensée* jusqu'à *la libre-action,* qui en est une conséquence logique, devient, comme cela arrive si souvent, dissipateur, joueur, ivrogne, paresseux,

R. — Evidemment, puisqu'on lui fournit l'occasion d'examiner, de juger, de choisir et de prendre le parti qu'elle voudra.

D. — C'est donc une absurdité, autant qu'une impiété, de soutenir que l'école doit être sans religion, sans Dieu, pour ménager la liberté de conscience?

R. — Vous avez raison ; c'est absurde et impie.

D. — L'absurdité ne serait-elle pas pire

libertin, etc., l'étrange *unification du ménage*, que l'on rêve, n'obligera-t-elle pas la femme elle-même à partager ces vices hideux? — Si *l'unification doit* exister dans la cause, pourquoi l'excluerait-on de ses effets? Si la femme *peut* et même *doit* partager l'impiété du mari, quelle raison aurait-on de l'empêcher de partager sa paresse, son ivrognerie, sa vie déréglée? Si *l'unification du ménage* doit être poussée jusqu'à l'athéisme, la femme athée *pourra* et même *devra* penser, agir, tout faire, comme son mari. — Jamais on n'imagina des conceptions aussi néfastes, aussi insensées et aussi criminelles. Si elles se réalisaient, que de nobles et saintes choses seraient garrottées et étouffées dans notre chère France et au foyer béni de la famille! — Il faut remarquer, toutefois, que nos démocrates comptent si peu sur la solidité de leur monstrueuse *unification des ménages*, qu'ils veulent en même temps établir le divorce; en sorte qu'ils préparent, à la fois, *l'unification* et *la désunion, la dissolution des ménages*. — Cela complète *la Babel impie*, ou le *Charenton* démocratique, comme disent les Anglais.

encore, si ceux qui raisonnent ainsi étaient des athées, des matérialistes, c'est-à-dire, des gens pour qui il n'y a ni Dieu ni âme?

R. — La chose me paraît évidente. Car la conscience ayant son siége dans l'âme, il ne doit pas y avoir de conscience pour qui il n'y a pas d'âme. Dès lors, il n'y a pas lieu de se préoccuper de ce qui n'existe pas.

D. — Que diriez-vous de ceux qui, non contents de soutenir ces absurdités impies, voudraient faire des lois pour les imposer aux autres, et établir des écoles sans religion, sans Dieu, toujours sous le prétexte de ménager la liberté de conscience?

R. — Je ne pourrais que répéter, ici, ce que leur a dit, à propos d'une autre question bien moins importante, un journal très-républicain : « *Il est inouï qu'ayant l'usage de la raison, on puisse agir comme cela!* » Et encore : *Ils ne savent pas ce qu'ils font...*

D. — Quel serait le résultat final d'une loi rendant obligatoire l'école sans religion, sans Dieu?

R. — Le résultat serait de rendre l'ignorance religieuse, l'incrédulité, l'impiété, obligatoires, forcées... ; ce qui est le comble de la folie. — On ne raisonne pas avec des athées, a dit un philosophe républicain, Rousseau; on les enferme. Ils feraient périr la république.

CHAPITRE QUATRIÈME

De la Liberté d'enseignement et des pères de famille.

D. — Qu'entendez-vous par liberté d'enseignement ?

R. — Par liberté d'enseignement, j'entends la faculté laissée aux pères de famille de faire élever et instruire leurs enfants par qui et comme bon leur semble, selon leur conscience. — J'entends encore la faculté laissée à tout individu, capable et moral, d'enseigner ce qu'il sait de vrai, de bien, de bon, d'utile, à quiconque voudra recevoir ses leçons. — « La république, a » dit M. Jules Simon, n'interdit qu'aux » ignorants et aux indignes le droit d'en» seigner. »

D. — Mais la république n'a-t-elle pas

besoin d'avoir des écoles qui lui appartiennent en propre et qui fonctionnent sous son influence immédiate ?

R. — Oui ; mais toutes les écoles, devenues libres désormais, grâce à la république, et encouragées par ses bienfaits, seraient *des écoles de la république*. Du reste, rien n'empêche qu'elle entretienne et qu'elle crée des écoles spéciales, suivant les besoins du pays. — On ne refuse à la république que le monopole, qui entraîne toujours à sa suite des vexations sans nombre et l'abaissement des études.

D. — Mais alors il y aura concurrence?

R. — Oui, et ce sera un bien. La concurrence aiguillonne, stimule les retardataires et les imparfaits. Elle soutient et excite de plus en plus le zèle de ceux qui sont à leur devoir. Quelque bon que soit un coursier, l'aiguillon l'anime encore et l'empêche de se ralentir. — La concurrence est donc une garantie de progrès, et elle est aussi utile dans l'enseignement que dans toutes les autres sphères de l'activité humaine.

D. — Vous n'admettez donc pas la doctrine *que les enfants appartiennent tous à l'Etat?*

R. — Non : c'est une monstruosité païenne, aussi opposée à la nature et à la raison qu'à la religion. L'enfant est le premier bien et le plus précieux trésor de son père et de sa mère. Le leur ravir, pour l'élever selon le bon plaisir et pour l'usage de l'Etat, serait mille fois plus inique que de confisquer leur fortune au profit de l'Etat.

D. — N'a-t-on pas dit que *l'Etat est père aussi* (1)?

(1) M. Chesnelong a dit à la tribune : « C'est M. Jules Ferry qui a inventé *cette paternité nouvelle*, la paternité de l'Etat... Et, comme on fait de l'Etat un être absorbant tout, et que M. Ferry, aujourd'hui, représente l'Etat au ministère de l'instruction publique, il serait *le père universel* de l'heure présente, et l'âme de nos enfants serait à lui avant de nous appartenir. » — Ainsi un libre-penseur, un franc-maçon, l'ennemi du mariage religieux, l'ennemi de l'enseignement religieux, de l'éducation religieuse, le sectaire des loges maçonniques, qui traite les catholiques d'étrangers, d'ennemis de la France, à cause de leur obéissance spirituelle au Vicaire de Jésus-Christ, *l'inventeur de l'article 7*, destiné, selon M. Bert, à *la destruction de nos plus saints religieux*, comme le sulfure de carbone l'est à *la destruction du phylloxéra*... Tel est *le père* qu'auraient tous les enfants chrétiens et catholiques de France! Voilà *à qui* serait confié le soin de leurs âmes, le soin de leur avenir du temps et de l'éternité!! — « Il n'y a pas de contrainte, de

R. — Que l'Etat encourage et seconde le père selon la nature, surtout quand il est pauvre, rien de mieux ; mais qu'il remplace le père et la mère, c'est impossible et absurde. On a dit avec une haute raison : « Le père et la mère sont des êtres qui » peuvent remplacer tous les autres, mais » qu'aucun ne remplace. »

D. — Si l'Etat était *père*, par qui s'exercerait *sa paternité?*

R. — Cela ne pourrait être que par le ministre, le préfet, le sous-préfet, le maire...

D. — Ainsi tous les enfants de France auraient pour *pères* ces nuées de nains politiques, de créatures éphémères, d'êtres d'un moment, qu'un flot de révolution amène et qu'un autre flot emporte. « Gens de rencontre, dit le *Constitutionnel*, *choisis on ne sait comment*, *venus on ne sait d'où*, *ne faisant que traverser leurs emplois*, »

violence, s'est écrié M. Chesnelong, qui puisse faire réussir une pareille entreprise. Nous sommes de race chrétienne ; et ce n'est pas notre coutume de nous courber devant des idoles ou des tyrans. Vous n'arracherez jamais, entendez-le bien, à une âme de père chrétien, une adhésion à cette dépossession de ses devoirs les plus impérieux et de ses droits les plus sacrés. »

lesquels n'auraient ni le temps, ni le goût, ni la volonté de connaître et d'aimer leurs prétendus et innombrables enfants!... Les enfants catholiques, de plus, auraient pour *pères* des gens sans religion, des francs-maçons, des athées!...

R. — Je vous le répète, c'est impossible, c'est absurde!

D. — En réalité, à quoi se réduirait la *paternité de l'Etat?*

R. — Elle se réduirait à une *conscription de l'enfance*, la pire de toutes. « Pour » un homme de cœur, a dit un célèbre » républicain, Ledru-Rollin, il n'y a pas » de pire tyrannie que celle qui veut l'obli- » ger à faire élever ses enfants par des » instituteurs étrangers ou hostiles à ses » croyances. Ce serait la *conscription de* » *l'enfance, traînée violemment dans un* » *camp* ennemi et pour servir l'ennemi. »

D. — L'instruction et l'éducation de l'enfance et de la jeunesse ne doivent-elles pas être morales?

R. — Rien de plus évident et de plus nécessaire.

D. — Peut-il y avoir de vraie morale ou de vertu sans religion?

R. — Le philosophe républicain, Rousseau, a répondu à cette question : « Je » n'entends pas, dit-il, *qu'on puisse être » vertueux sans religion*. J'eus autrefois » cette opinion dont je suis bien désa- » busé. » — MM. Guizot, Victor Hugo et mille autres libéraux ou républicains ont répété cent fois la même chose (1).

D. — Mais si l'éducation ne peut être morale et vertueuse sans religion, n'est-il pas logique et naturel que les religieux puissent s'y consacrer ?

R. — Oui.

(1) En Belgique, les auteurs de la loi sur les *écoles neutres*, 1879, c'est-à-dire sans enseignement religieux, ont fini par avouer, dit le cardinal Dechamps, archevêque de Malines, que « *l'enseignement est impossible sans une doctrine religieuse*, et ils ont décidé que l'instituteur enseignerait le déisme. » — Mais le déisme rejetant le Dieu de la révélation et le faisant tel que chacun le désire, revient à l'athéisme. — Un Dieu que l'on façonne, que l'on modifie, que *l'on habille à sa fantaisie*, n'est plus un dieu, *mais une espèce de pantin;* et l'instituteur libre-penseur devient *un arlequin*, qui le présente et le *fait manœuvrer* devant ses élèves, selon ses caprices et les leurs. — Voilà dans quelles grossières et folles aberrations on tombe, en n'acceptant pas le Dieu de la révélation et de l'Evangile, dont Rousseau lui-même admirait la divine sagesse, et dont lui et les bourreaux du Calvaire n'ont pu s'empêcher de confesser la puissance surhumaine et la divinité jusque dans sa mort.

D. — D'où vient donc que les républicains les en repoussent avec tant d'acharnement ?

R. — En vrai républicain, je ne puis pas ne pas le déplorer.

D. — Que dites-vous des municipalités républicaines, qui privent les enfants des prix qu'ils ont mérités, et même du charbon nécessaire pour les chauffer durant l'hiver, parce qu'ils appartiennent à des écoles religieuses?... Que dites-vous des bureaux de bienfaisance républicains, qui osent proposer *de ne donner de chaussures qu'aux enfants qui n'iraient pas à l'école des frères, et de pain qu'aux pauvres qui n'iraient pas à l'Eglise.* Au point qu'un membre honnête du bureau, l'honorable M. Lamy, serait sorti honteux et indigné de cet *antre d'impiété sauvage*, laquelle dit au pauvre : *viens à moi ou meurs de faim et de froid ! !*

R. — Je dis que l'honorable M. Lamy est un vrai républicain, et que les autres n'en ont que le nom. Ils préparent le lit de la dictature et du despotisme césarien. La république n'a pas de pires ennemis qu'eux. Je le répète avec douleur, ils la feront périr. — « Je ne veux pas plus qu'on empêche d'aller à la messe que je ne puis tolérer qu'on m'y contraigne, » écrivait le républicain Guéroult.

M. Jules Simon, dans son rapport sur la loi Ferry, a dit : « Imposer une école, » c'est la même chose qu'imposer une » doctrine. Or, l'état actuel n'a pas de doc- » trine, ni le droit, d'après ses principes » constitutifs, *d'avoir une doctrine d'Etat.* » Il doit accorder sa protection civile aux » écoles diverses, mais il n'a pas le droit de » subsidier les seules écoles de l'irréligion et » de l'indifférentisme aux frais de la nation, » aux frais de tout le monde. » — Ce serait, en effet, le monopole en faveur de l'irréligion, soutenu et payé même par les amis de la religion, ce qui constituerait un crime, une injustice et une absurdité.

DEUXIÈME PARTIE

DE L'ÉGALITÉ

CHAPITRE PREMIER

De l'Egalité divine et naturelle.

D. — Qu'est-ce que l'égalité ?

R. — L'égalité est une loi naturelle et divine, en vertu de laquelle tous les hommes doivent avoir leur part proportionnelle dans les avantages comme dans les charges de la grande famille humaine, dont ils font partie. — Il n'y a pas de liberté vraie sans égalité sage.

D. — Pourquoi dites-vous que la loi de l'égalité est naturelle ?

R. — Parce que tous les hommes, grands ou petits, riches ou pauvres, civilisés ou non, ont la même nature et sont sortis d'une seule et même famille.

D. — Pourquoi dites-vous que cette loi est divine ?

R. — Parce que tous les hommes sont

créatures et enfants de Dieu, et qu'ils ont tous une âme immortelle, faite pour le connaître et l'aimer comme leur créateur et père.

D. — Ainsi donc, tous les hommes qui sont sur la terre, à quelque nation, race ou couleur qu'ils appartiennent, ont la même origine et la même destinée, et, sur ce point, sont radicalement égaux ?

R. — Oui.

D. — Quelle est la conséquence de cette égalité ?

R. — C'est que tous les hommes sont frères, et que les diverses nations qu'ils composent devraient s'aimer comme des sœurs, au lieu de se faire si souvent la guerre.

D. — Que pensez-vous de ceux, qui, avec la religion, vont enseigner ou rappeler ces vérités aux peuples non civilisés qui les ont oubliées ?

R. — Je pense que ce sont de vrais amis de l'humanité.

D. — N'est-ce pas une bonne œuvre de les encourager et de les aider dans une œuvre si humanitaire ?

R. — Evidemment. — C'est une œuvre de fraternité, de civilisation, de progrès.

CHAPITRE DEUXIÈME

De l'Egalité devant la loi et de l'Egalité civile.

D. — Qu'entendez-vous par l'égalité devant la loi ?

R. — L'égalité devant la loi est celle qui veut que justice soit faite à tous également, conformément aux lois justes, et sans acception de personne.

D. — Ainsi, par l'égalité devant la loi, le pauvre, le faible, qui ont raison et droit, obtiendront justice contre le riche, le puissant qui ont tort, et réciproquement ?

R. — Sans aucun doute.

D. — Qu'est-ce que l'égalité civile ?

R. — L'égalité civile est celle qui exclut les priviléges de la naissance et de la fortune, et reconnaît, avant tout, ceux du mérite, de la capacité et de la vertu.

D. — Ainsi, par l'égalité civile, le pauvre qui est probe et capable, pourra parvenir aux plus hauts emplois, et le riche, qui manquera de capacité et de probité, en sera exclu ?

R. — Rien de plus juste. Tous les hommes étant naturellement égaux, doivent non-seulement être également protégés par la société dont ils font partie, mais participer aux avantages comme aux charges civiles et politiques de cette société, dans la *mesure de leur mérite et de leurs forces.*

D. — Pourquoi dites-vous qu'avec l'égalité civile, on participera aux charges et aux avantages de la société, *dans la mesure du mérite et des forces de chacun ?*

R. — Parce que tous les hommes ne sont pas également vigoureux, ni également instruits, ni également sages... Tous ne viennent pas au monde avec les mêmes dispositions de corps, d'esprit et de cœur. — En outre, les accidents de la vie, l'âge, les maladies, les revers de fortune ; — puis les vices, comme la cupidité, l'égoïsme, la vanité, l'amour des plaisirs sensuels, la paresse, l'ivrognerie, le libertinage, toutes les mauvaises passions, en un mot, mettront toujours une grande différence et distance entre les hommes. — Il est évident que la justice et la société ne peuvent pas ne pas tenir compte de ces différences inévitables ici-bas. Un vieillard, un malade, un fou, un ignorant, un voleur, etc., ne peuvent pas remplir les mêmes fonctions, exercer les mêmes emplois qu'un homme dans la force de l'âge, vigoureux, sensé, instruit et d'une probité à toute épreuve.

D. — Ne portons-nous pas en nous-mêmes une image sensible de cet état de choses ?

R. — Oui, tous nos membres, même en santé, ne sont pas capables de nous rendre les mêmes services, ni aptes à recevoir les mêmes soins. Les pieds ne peuvent pas faire ce que fait la tête, ni les mains ce que font les yeux, ni les membres malades ce que font les membres valides. Mais tous vivent dans une étroite union, partageant ensemble leurs misères et leurs joies ; et ils doivent tous être occupés, employés, traités et soignés, avec une égale sollicitude, selon leur nature, leur aptitude et leurs besoins divers. — C'est l'image d'une société aussi variée que sage, unie et bien ordonnée.

CHAPITRE TROISIÈME

De l'Egalité des biens.

D. — Que dites-vous de l'égalité des biens ?

R. — Je dis que c'est une utopie impossible, absurde et criminelle, parce que les hommes différant entre eux de capacité, de santé, de force, de travail, d'économie, de conduite, etc., n'auront jamais les mêmes succès, ni par conséquent les mêmes avantages et les mêmes droits.

D. — Que faut-il penser de ceux qui, pour arriver à cette égalité, prêchent et promettent au peuple le partage de tous les biens ?

R. — Ce sont des fous ou des voleurs, qui violeraient tous les droits.

D. — Ce partage, s'il avait lieu, établirait-il définitivement l'égalité des biens ?

R. — Evidemment non ; car, avec la différence d'aptitude, de travail, de force, d'économie, de bonne volonté, de bonne conduite, etc., les inégalités de fortune renaitraient sans cesse, et il faudrait ainsi sans cesse repartager. — Au milieu de ces partages sans fin, personne n'aurait plus ni goût, ni intérêt à travailler. Dès lors, l'agriculture, l'industrie, le commerce, n'ayant aucun stimulant, dépériraient, cesseraient et mourraient. Or, comme la terre ne se couvrira jamais d'épis sans semailles et sans labour, on arriverait à la misère et à l'abrutissement ; et la France, qui a été si longtemps la première des nations, deviendrait la dernière.

D. — Ce sont pourtant des républicains qui prêchent ces doctrines ?

R. — Non : ce sont des socialistes, c'est-à-dire, des sectaires qui veulent bouleverser la société. Qu'elle soit en république ou sous tout autre régime, peu leur importe.

D. — Cependant, vous ne pouvez pas nier que ce sont eux surtout, qui ont fait la république actuelle, comme ils ne cessent, d'ailleurs, de s'en vanter ?

R. — Je suis obligé de convenir qu'ils ont beaucoup travaillé dans ce but. Mais je conviens aussi que c'est un grand malheur, pour la vraie république, d'avoir de pareils auteurs ; car après l'avoir faite, ils la déferont.

D. — Que pensez-vous des promesses de bien-être, de prospérité, d'une espèce de *paradis terrestre*, qu'on a faites au peuple au nom de la république?

R. — Je dis qu'avec toute la bonne volonté possible, soit du côté de l'Etat, soit du côté des particuliers, on ne viendra jamais à bout de prévenir tous les maux, et de remédier à toutes les misères.

D. — Alors, il faut revenir à l'Evangile, qui dit qu'il y *aura toujours des pauvres?*

R. — Un vrai républicain ne peut rejeter l'Evangile, qui est le livre du peuple, et qu'un vrai libéral et républicain a appelé *le code de tous les progrès à venir.*

D. — Quelqu'un a dit que ces *belles promesses* faites au peuple « étaient des coupes d'or pleines de poison. » Qu'en pensez-vous?

R. — Je dis qu'il y a beaucoup de vrai dans ces paroles.

D. — Un homme libéral, M. Sacy, directeur d'un journal anticlérical, les *Débats*, a écrit ce qui suit : « Si vous ne vou-
» lez pas que le monde devienne un enfer
» où des démons se disputeront avec fu-
» reur, s'arracheront avec rage de courtes
» et amères jouissances, laissez Dieu au

» peuple, et n'éveillez pas chez lui, par de » *téméraires promesses, des espérances que* » *vous ne satisferez jamais.* Tout ce qu'on » vous dit d'*un paradis sur la terre vous* » *trompe.* Le seul vrai paradis est celui » dont le christianisme nous découvre la » magnifique perspective dans la vie fu» ture. » — Un vrai républicain peut-il être de l'avis de M. Sacy ?

R. — Oui. En attendant, il faut s'aimer, s'aider les uns les autres, comme de vrais frères ; car la fraternité est un dogme républicain encore plus essentiel que la liberté et l'égalité.

TROISIÈME PARTIE

DE LA FRATERNITÉ

CHAPITRE PREMIER

Définition, origine et importance de la Fraternité.

D. — Qu'est-ce que la fraternité?

R. — La fraternité est un dogme évangélique et républicain, par lequel nous reconnaissons que tous les hommes sont frères, et qu'ils doivent s'aimer et s'entr'aider comme les membres d'une même famille.

D. — Pourquoi dites-vous que c'est un dogme évangélique?

R. — Parce que l'Evangile l'a proclamé le premier, et qu'il ne cesse de le prêcher au monde depuis dix-huit siècles.

D. — Pourquoi dites-vous que c'est un dogme républicain?

R. — Parce que la république l'a adopté

pour devise, aussi bien que la liberté et l'égalité.

D. — Croyez-vous qu'il soit nécessaire ou qu'il suffise d'être républicain, pour adopter et pratiquer le dogme de la fraternité ?

R. — Je n'oserais l'affirmer.

D. — Vous faites bien. Car il y a beaucoup de républicains et de républiques, qui n'ont jamais connu ni pratiqué le beau dogme de la fraternité. Ainsi, dans l'antiquité, les républiques de Rome, d'Athènes, de Sparte, les plus vantées et les plus policées, étaient bien loin d'avoir l'idée même de la fraternité. — A Rome, il y avait un million cinq cent mille esclaves ; — à Athènes, quatre cent mille ; — à Sparte, les ilotes étaient au nombre de deux cent cinquante mille. Or, dans toutes ces républiques, les esclaves, hommes et femmes, étaient regardés comme *des corps sans âmes*, *des choses*, *res*, dont le maître républicain pouvait user et abuser à son gré, qu'il pouvait frapper, mutiler, estropier et tuer selon ses caprices. Quand les esclaves étaient vieux ou malades, on s'en défaisait comme on fait d'un animal. — Dans les temps modernes, l'histoire a enregistré les proscriptions, — les massacres, accompagnés de l'infâme *cortége des tricoteuses*, — les mitraillades, — les noyades, — la guillotine en permanence de la République française. — Jusqu'ici, il faut l'avouer, la fraternité n'a pas plus prospéré et fleuri en république que sous tout autre régime. — La fraternité suppose une paternité, c'est-à-dire, un père commun de tous les hommes, lequel, aimant tendrement ses enfants, veut qu'ils s'aiment entre eux comme des frères, et punit sévèrement les *Caïns* de toute espèce. — La fraternité vient donc de plus haut que les systèmes politiques. — Que vous en semble?

R. — Un vrai républicain n'a aucune peine à admettre cela; aussi ai-je dit que la fraternité est avant tout un dogme évangélique.

D. — Ce dogme n'est-il pas plus important que les deux autres?

R. — Oui.

D. — Pourquoi?

R. — Parce que si tous les hommes s'aimaient et s'entr'aidaient comme des frères, non-seulement ils seraient libres et égaux, mais il n'y aurait plus ni querelles, ni procès, ni guerres; — les pauvres seraient secourus, les malades assistés et soignés, et toutes les misères soulagées et consolées.

D. — Les républicains entendent-ils tous la fraternité de cette manière?

R. — Les vrais républicains l'entendent ainsi.

D. — Y en a-t-il beaucoup?

R. — Trop peu, sans doute; mais il faut espérer que leur nombre augmentera.

D. — Que doivent faire pour cela, les vrais républicains?

R. — Ils doivent donner l'exemple de toutes les vertus républicaines, que comprend et renferme le dogme de la fraternité. L'exemple est le plus efficace des sermons.

CHAPITRE DEUXIÈME

Des vertus comprises dans la fraternité.

D. — Quelles sont les vertus qui découlent du dogme de la fraternité?

R. — Il y en a quatre principales, qui

sont : l'amour de Dieu, — l'amour du prochain, — le désintéressement, — et le dévouement.

D. — Comment la fraternité comprend-elle l'amour de Dieu ?

R. — La fraternité, faisant de tous les hommes une grande famille, suppose nécessairement un premier et commun père, qui est Dieu, et que chaque membre de la famille humaine doit reconnaître, respecter et aimer.

D. — En quoi consiste l'amour de Dieu ?

R. — L'amour de Dieu consiste à lui obéir, à faire sa volonté.

D. — Où se trouve exprimée la volonté de Dieu ?

R. — Intérieurement, dans les lumières de la conscience, de la raison et du bon sens : — extérieurement, dans le décalogue. — M. Ferry, lui-même, un jour, a répété cette parole d'un grand évêque : « L'oubli du décalogue est la ruine de la société. »

D. — Quels sont les vices opposés à cette vertu ?

R. — La libre-pensée, qui met la volonté, ou le caprice et la passion de chacun à la place de la volonté de Dieu : —

l'indifférence, la négligence, qui n'en tiennent aucun compte : — l'impiété, l'athéisme, qui vont jusqu'à l'insulter et le nier...

D. — Qu'est-ce que la charité ou l'amour du prochain ?

R. — La charité est une vertu qui nous porte à aimer les hommes comme des frères ; — à ne leur faire aucun mal ; — à ne jamais leur nuire, ni dans leur fortune, ni dans leur santé, ni dans leur réputation ; — à les édifier, à les encourager dans le bien ; — à leur rendre tous les services, et à leur faire tout le bien que l'on peut.

D. — Quels sont les vices opposés à cette vertu ?

R. — Ce sont la haine, l'injustice, l'envie, l'humeur querelleuse, la violence, les calomnies, les mauvais exemples de tout genre, l'insensibilité, la dureté de cœur, et une foule d'autres vices, qui entretiennent la désunion et la discorde dans la société.

D. — N'y a-t-il pas une maxime qui résume tous les devoirs de l'homme envers ses semblables ?

R. — Oui, c'est celle-ci : « Ne fais pas à autrui ce que tu ne veux pas qu'on te fasse à toi-même. »

CHAPITRE TROISIÈME

Du désintéressement et du dévouement

D. — Parlez-nous du désintéressement et du dévouement ?

R. — Le désintéressement est une vertu qui consiste à ne pas agir par ambition, par orgueil, pour avoir des places, des honneurs, de l'argent, ni pour toute autre satisfaction personnelle, mais uniquement dans la vue du bien et par un amour sincère de la justice.

D. — Quel est le vice directement opposé à cette vertu ?

R. — C'est l'égoïsme, qui fait qu'en toutes choses on ne considère que soi et ses propres intérêts, sans tenir compte de la personne et des intérêts d'autrui : — l'égoïsme, vice hideux, que tous condamnent chez les autres, mais que peu savent reconnaître et combattre chez eux : — Vice devenu si commun, qu'une foule de gens, ayant sans cesse à la bouche le *mot de bien public*, sont foncièrement entachés d'un vil égoïsme.

D. — Qu'est-ce que le dévouement?

R. — Le dévouement est une vertu, qui consiste à sacrifier, quand c'est nécessaire, non-seulement ses intérêts, mais son temps, ses travaux, jusqu'à sa personne, pour le salut, le bonheur, la gloire de son pays.

D. — Il ne suffit donc pas, pour être dévoué, de faire de belles promesses et de pompeux discours?

R. — Non, certes; il faut en venir aux œuvres, prêcher d'exemple le désintéressement et le dévouement, et ne rien négliger de ce qui peut contribuer au bien public.

D. — Que diriez-vous d'une république, où ces vertus seraient certainement aussi rares, peut-être même plus rares que sous d'autres régimes?

R. — Je dirais que c'est un contre-sens, une grande duperie, une détestable hypocrisie...

D. — Eh bien! regardez attentivement ce qui se passe aujourd'hui. — Voyez la chasse aux places; — l'assaut aux fonctions publiques richement rétribuées, et données non aux plus capables, mais aux plus serviles; — Voyez l'âpreté à la curée des honneurs; — les gros traitements, tant critiqués sous les régimes précédents, soigneusement maintenus et plutôt multipliés que diminués (1); — des fortunes radicalement nulles, subitement devenues colossales, audacieuses, insolentes; — des situations *de bohême*, transformées en positions princières; — des bottes tordues, percées, fééiquement remplacées par de splendides équipages de cour : carosses, chevaux fringants, escorte, harnais éblouissants; — les palais impériaux, n'ayant pas assez de luxe et de splendeur pour des démocrates parvenus, qui les font encore embellir; — des cuisines, des cuisiniers, des festins de

(1) On n'a réduit et diminué que les traitements des évêques, c'est-à-dire, les moins exagérés, — les plus profitables aux pauvres — et les plus utiles à la Religion, en même temps que les plus sacrés et les plus légitimes, puisque les traitements ecclésiastiques ne sont qu'une indemnité, une dette, reconnue et stipulée par le Concordat. — Il est évident que c'est l'esprit irréligieux qui a inspiré cette mesure inique et exceptionnelle. — Peut-être aussi doit-on l'attribuer à l'impossibilité où sont les radicaux de pouvoir s'emparer et s'arroger de pareils emplois. Comment remplacer, en effet, un évêque, un archevêque, par un franc-maçon, un impie, un athée ?... *Ce genre de démons*, pour nous servir d'une expression évangélique, ne peut *pas se transformer en anges de lumière.*

Lucullus; — des bains, des baignoires à la Dioclétien ; — des chasses féodales ; — gaieté cynique durant l'agonie de la patrie, vie de jouisseur au milieu de la détresse générale... C'est l'ère de Vitellius, dit-on dans les cercles politiques... Voilà quelque chose du désintéressement et du dévouement démocratiques. — Et ces raffinés jouisseurs sont les idoles, les grands apôtres, et, par conséquent, les modèles de la démocratie. Or, la sagesse des nations a dit : tels *les dieux*, tels *leurs adorateurs !*

Ecoutez maintenant le *Constitutionnel*, sous un autre rapport : « On place, dit-il, » le devoir à exclure les hommes, dont la » valeur intellectuelle et morale serait » propre à faire estimer et accepter la » république. Tout ce qui est éminent, tout » ce qui vaut par soi donne de l'horreur. » Ils sont bien les disciples de ceux qui » abattaient les têtes de Bailly, de Chénier, » de Lavoisier... Aussi flétrissent-ils les » Littré, les Laboulaye, les Simon, les » Lamy, les Dufaure, etc., parce qu'ils » n'approuvent pas toutes leurs utopies. » On dirait que la proscription de tout ce » qui ne pense pas comme eux, (libres-

» penseurs !) est leur instinct, leur lot, » leur vocation. »

Ecoutez encore M. Jules Simon : « La » France républicaine veut être libérale ; » elle croit l'être, elle ne l'est pas. Ceux » qui *crient le plus haut pour la liberté* » *ne la veulent que pour eux.* »

« Dans les programmes que l'on présente, ajoute un grave publiciste, dans les lois que l'on fait, que l'on invoque, que l'on réclame, il n'est jamais question de *la liberté pour tous*, mais au contraire, de répressions à exercer, de la prison, de l'amende à infliger à ceux qui osent être indépendants au milieu de *l'avachissement* des caractères. »

« Au lieu d'étudier et de préparer de » sages réformes, écrit M. Duruy, dans la » *Revue des Deux-Mondes*, on s'est lancé » dans une politique de violence et d'op» pression. On n'essaie pas, dans l'ensei» gnement, de lutter contre la concur» rence ; on trouve plus simple de la » supprimer. — On ne cherche pas à » s'amender, on aime mieux proscrire. — » On parle de liberté, de progrès, d'ins» truction publique, et l'on veut, d'un » seul coup, éteindre cent cinquante ou

» deux cents foyers d'enseignement pu-
» blic ! »

On l'a dit avec une grande raison : où est, ici, le bien de l'humanité ? Qui le veut sincèrement ? — L'iniquité se perpétue et augmente en se déplaçant ; quant à la vraie liberté du présent et de l'avenir, elle n'inquiète nullement nos démocrates.

Enfin, écoutez la *République française* elle-même : « Il faut, dit-elle, des hom-
» mes absolument dévoués à la république,
» des hommes qui la comprennent, qui
» l'aiment, qui *veulent passionnément son*
» *triomphe.* — La *soumission*, la *docilité*
» ne *suffisent pas*... On ne doit tolérer,
» dans l'administration, aucun personnage,
» nous ne disons pas hostile, mais simple-
» ment indifférent, *fût-il même d'une sou-*
» *plesse sans bornes.* La république exige
» une *obéissance absolue*, et elle ne doit ni
» ne peut permettre la *moindre trace*
» *d'opposition, ne fût-ce que par des signes*
» *de mauvaise humeur à son égard*... On
» doit, comme les membres du corps, *les*
» *nerfs*, *les muscles*, *réaliser en un clin*
» *d'œil, dans le corps national tout entier,*
» *les idées du cerveau* : » c'est-à-dire, du
» *dictateur* qui parle ici pour lui. — Obéir

comme *des nerfs*, *des muscles*, *en un clin d'œil*, voilà bien *l'obéissance aveugle* au suprême degré, *l'obéissance animale même et machinale;* et cela, à l'injonction *d'un cerveau*, d'un maître, qui sera très-souvent la franc-maçonnerie, l'athéisme!!... pas un mot d'observation, pas la plus petite plainte, pas *même un signe d'humeur*... Il faut tout aimer, tout admirer, tout *adorer bien gracieusement*, de la part *d'un cerveau athée*, ou *fou-furieux*, peu importe, dont l'infaillibilité dépasserait, ici, de cent coudées celle que l'on refuse au Pape!

Bien plus, on vise à forcer ce que Portalis appelait « le retranchement impénétrable de la liberté du cœur, » en s'emparant de l'aumône, de la charité, en faveur et au profit du même tyran franc-maçon ou athée... C'est-à-dire, qu'on voudrait l'aumône forcée, et faite au profit de l'impiété contre Dieu. — C'est le paroxysme de la tyrannie; elle dépasserait, en réalité, celle de Caligula, d'Héliogabale ou du sauvage Théodoros. — Quel échantillon de liberté et d'égalité démocratiques! (1)

(1) Il ne faut pas oublier que le *cerveau-ètat*, déjà si redoutable par lui-même, dont parle la *République française*, se trouve comme enchâssé dans un autre

Ajoutez à cela une haine de sectaire contre le catholicisme, qui a fleuri, cependant, sous toutes les républiques du monde; — l'incrédulité bien venue et presque obligatoire, sous le prétexte inepte de ménager la liberté de conscience; — l'athéisme affiché et ses sectateurs, que

plus terrible encore. Car, on sait que les radicaux aiment à appeler Paris le *cerveau de la France*. — Or, dans une circulaire aux agents diplomatiques, en date du 6 juin 1871, M. Jules Favre disait que Paris « était le rendez-vous des perversités du monde entier. Tout ce que l'Europe renferme d'impies y était attiré, convoqué. » — Un autre personnage, plus sincèrement libéral encore que M. Jules Favre, écrivait : « Les nouvelles de Paris nous apportent une véritable surabondance de hontes et de violences. » — Selon un troisième publiciste, observateur grave et réfléchi, Paris serait « un vaste *capharnaüm politique*, où des foules de déclassés, d'aventuriers, différents de nationalité, de niveau, tourbillonnent, rebondissent, écument, comme des torrents qui confluent à une cataracte. » — Déjà, en 1795, le *Courrier Français* disait : « Paris est devenu une forêt, où accourent une foule d'hommes sans patrie, sans Dieu, sans parents, sans amis, sans mœurs, sans conscience, qui ne font gratuitement que le mal, et appartiennent au premier qui les paye. » — Et voilà *les cerveaux* auxquels on veut que nous obéissions aveuglément, machinalement, *animalement*, comme *les muscles, les nerfs* obéissent à un *cerveau* quelconque, fût-il le cerveau d'un assassin. — On n'a jamais écrit rien d'aussi monstrueux.

l'on devrait enfermer, selon Rousseau, levant partout une tête audacieuse et aboyant contre les plus pures vérités ; — l'enseignement libre, chrétien, déjà sans représentant et assujetti au conseil supérieur de l'instruction universitaire ; — l'école et l'éducation de l'enfance et de la jeunesse bientôt sans Dieu ; car, il ne faut pas se le dissimuler, on veut moins l'enseignement obligatoire que l'incrédulité obligatoire. — Aussi l'ardent député républicain, Lockroy a-t-il dit : « *Sans la laïcité, nous repousserions l'obligation :* » ce qui revient à cet aveu cynique, qu'on ne tient pas à l'école au point de vue du progrès et de l'instruction, mais bien en prévision de l'incrédulité, qu'inoculera le maître laïque, libre-penseur, et prêt à observer la consigne franc-maçonnique : qu'il faut *déchristianiser la France.* — Les congrégations religieuses les plus saintes, les plus savantes, repoussées, chassées de l'enseignement ; — une d'entre elles, la plus distinguée, poursuivie avec une frénésie hébétée, furieuse ; — la franc-maçonnerie inspirant la politique et visant à ce que Dieu soit vaincu et sa religion finie ; — une véritable rage de rendre l'homme impie et de le rabaisser au niveau de l'animal; — et, de ce milieu presque démoniaque, on entend sortir des menaces qu'un journal républicain lui-même compare *au grincement du couperet dans les rainures de la guillotine*. — *Nous sommes la haine!!* vient de s'écrier une feuille radicale, l'*Anticlérical*. — Voilà quelque chose de la vertu et de la fraternité démocratiques!

Après cela, dans votre amour pour la liberté démocratique, vous aurez bien le droit de vous écrier, avec un célèbre historien moderne, Cantù : « Nous aimons la » liberté, et la meilleure preuve de notre » attachement pour elle, c'est de ne pas la » renier et la repousser, même en voyant » les honteux triomphes de ceux qui l'ont » traînée dans les bouges de la corruption » ou sur les tréteaux des charlatans. »

R. — Hélas! je sais que les passions des hommes gâtent les meilleures choses! — Tous ces excès, que vous rappelez, sont un anachronisme, un retour à la tyrannie, une contrefaçon césarienne, la honte et la ruine de la république...

CONCLUSION

Concluons. — Que le cœur de l'homme est fragile, et que ses passions sont impérieuses ! La démocratie contemporaine devrait se voiler la face et rougir. Après l'étalage si pompeux de ces beaux principes : liberté ! égalité ! fraternité ! quel honteux démenti elle leur donne en pratique ! Les faits, s'écrierait ici saint Jean Chrysostôme, sont tout à fait l'inverse des principes et des promesses : *contraria omnino sunt facta promissis.* Tant il est vrai que le plus difficile n'est pas de connaître la vérité, mais de pratiquer la vertu qui en découle. — Que le poëte ancien avait raison de dire : Je vois le mieux et je fais le pire : *video meliora et deteriora sequor !* Et combien est sage cette réflexion d'un grand jurisconsulte et docteur chrétien : « Vouloir opérer et compter sur l'homme comme sur un être sain, c'est s'exposer aux plus grossières méprises ! »

« Si, avec la Religion, les hommes sont

» encore souvent mauvais, disait le protes-
» tant et républicain Franklin, que seront-
» ils sans elle? » — Hélas! nous le voyons.
— Il faut donc élever les hommes le plus religieusement possible. C'est le cri, à la fois, de la conscience, de l'expérience, de la raison, du bon sens et de la Religion.

Concluons encore que beaucoup d'hommes, qui se vantent d'être républicains, ne le sont pas, selon la vraie signification de ce nom. Leur vrai nom est *révolutionnaires*. Or, ce que, depuis un siècle, on appelle la RÉVOLUTION n'est pas une question purement politique. C'est encore une question religieuse ; et, sous ce rapport, elle doit être regardée comme une révolte contre Jésus-Christ et le Catholicisme : révolte non-seulement en fait, mais érigée en principe, en droit.

Préparée par Voltaire et par Rousseau ; puis, en 93, formulée par la Révolution française, cette révolte s'est déclarée l'ennemie acharnée du Christianisme. Elle s'est ruée sur l'Eglise de Jésus-Christ avec une fureur qui rappelait les persécutions du paganisme. Elle a tué les évêques, massacré les prêtres, les catholiques; elle a fermé ou détruit les églises, dispersé les

Religieux, traîné dans la boue la croix et les reliques des saints. Sa rage s'est étendue sur toutes les choses saintes ; et, un moment, elle a cru, comme autrefois Dioclétien, avoir détruit le Christianisme qu'elle appelait avec mépris *une vieille et fanatique superstition.*

Aujourd'hui, la *Révolution* travaille à inaugurer un régime de lois athées, d'écoles sans Dieu, de sociétés sans religion et de peuples sans prière et sans culte, ce qui ne s'est jamais vu. — Voilà où en sont la plupart de nos républicains, qui sont, avant tout, libres-penseurs, incrédules, francs-maçons, matérialistes, impies, athées (1). — Et voilà aussi les élus favoris

(1) Il y a, dit M. Laboulaye, une école républicaine, radicale, autoritaire, dont l'idéal est une convention, maîtresse de la vie publique et privée, de la religion des citoyens. » — Or, comme l'a fait observer le célèbre libéral Benjamin Constant : « Une assemblée, qui ne peut être réprimée ni » contenue, est de toutes les puissances la plus » aveugle dans ses mouvements, la plus incalculable dans ses résultats. L'esprit de parti, l'esprit » de corps, la complaisance pour un seul ou la » défiance contre tous, l'entraînement, l'enthousiasme ou la terreur, la certitude d'échapper par » le nombre à la honte de la lâcheté ou au péril » de l'audace... Tels sont les vices des assemblées » sans frein. Leur tyrannie est peut-être d'autant

d'une multitude égarée, aveuglée, qui s'obstine à attendre le bonheur d'hommes, dont les doctrines ne peuvent que lui attirer des malheurs et mener la société à sa perte.

Aussi, à Troyes, le 24 février 1879, M. Spuller lui-même n'a pu s'empêcher d'appeler le suffrage universel du peuple *la folie du droit.* « Car, dit-il, c'est folie de » convoquer au vote cette masse d'hom- » mes qui ne savent ni lire ni écrire (où » il y a des êtres incapables de se diriger » eux-mêmes), masse facile et crédule, » dont la conscience et les oreilles sont

» plus affreuse que les tyrans sont plus nom- » breux. » Ce qui faisait dire à Voltaire « qu'il *préfèrerait être dévoré par un lion plutôt que par des centaines de rats.* » — Un jour, lors de *la discussion de la loi de l'état de siège, 1870,* M. Grévy s'écria : « Je *ne veux pas* de ces majorités qui confis- » quent une à une toutes les garanties et toutes les » libertés publiques. » — Le président de la République se trouve ainsi condamné à voir chaque jour *ce qu'il ne veut pas,* comme il est lui-même ce qu'il ne voulait pas être, puisque son idéal était une *république sans président constitutionnel,* et qu'il est, lui, président constitutionnel. — C'est donc encore là confusion et contradiction. « Ils se sont » égarés, *évanouis* dans leurs pensées, dirait l'Apô- » tre, et leur cœur a été rempli de ténèbres. »

» ouvertes à tous les mensonges et à toutes
» les duperies. »

Après cet aveu, M. Spuller confesse que
» nous devons la république *à cette fo-*
» *lie* (1). »

Nous lui devions déjà l'empire, et Dieu seul sait les calamités qu'elle peut encore

(1) Il est vrai qu'à cette même occasion M. Spuller a osé comparer ce qu'il nomme la *folie du droit* à ce que l'apôtre saint Paul appelle la *folie de la croix*. — Mais la *folie de la croix*, un enfant du catéchisme le dirait, c'est l'écrasement, la mort de l'orgueil, vice capital, source de tous les maux. — C'est encore le détachement des biens d'ici-bas, au profit de la bienfaisance, de la charité, c'est-à-dire au profit des pauvres.—C'est, enfin, le renoncement aux brutalités des sens, au profit du cœur, de l'esprit, de l'âme tout entière. Car les passions alourdissent et abêtissent l'homme. — Aussi la *folie de la croix* élève-t-elle l'homme au plus haut degré de la sagesse, à la perfection évangélique. — Au lieu que la folie de l'ignorance et de l'aveuglement populaires, la folie de la bêtise publique n'ont pour résultat qu'une *grande duperie*, au moyen de laquelle les *dupeurs* s'élèvent aux honneurs, aux places, aux gros et gras traitements. C'est l'éternel elément de succès des ambitieux sans conscience. — Si donc M. Spuller a su ce qu'il disait, sa comparaison n'est qu'une grossière et sacrilége *goaillerie*. S'il ne l'a pas su, ce n'est qu'une *bestiale bévue* de *l'homme animal*, dont parle saint Paul, et qui n'entend absolument rien aux choses spirituelles. — Et voilà les plus fortes têtes, la *fine fleur* de notre démocratie!!

enfanter. Car cette *folie, ouverte à tous les mensonges et à toutes les duperies*, comme s'exprime M. Spuller, est le moyen sûr de réaliser toutes les révolutions et toutes les destructions. — « Les révolutions, dit un grave historien, sont aux peuples ce que les maladies sont à l'individu. A mesure que les unes et les autres se multiplient, elles épuisent jusqu'à ce qu'elles tuent. »

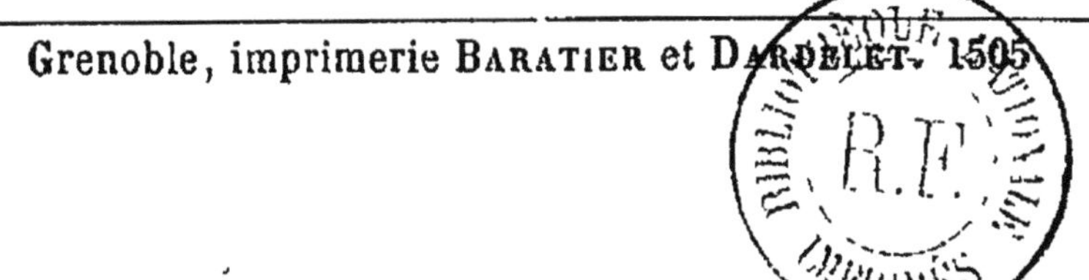

Grenoble, imprimerie BARATIER et DARDELET. 1505

www.ingramcontent.com/pod-product-compliance
Ingram Content Group UK Ltd.
Pitfield, Milton Keynes, MK11 3LW, UK
UKHW021135230726
13926UKWH00002B/815

9 782014 049374